# CATALOGUE

d'une partie

## des ouvrages de Thorvaldsen

### en marbre et en plâtre,

de piédestaux et blocs de marbre, de tableaux,
gravures, livres, médailles, bijoux etc.,

### laissées par Thorvaldsen

que la direction du Musée-Thorvaldsen fera vendre publiquement dans
le musée le 1 octobre 1849 et les jours suivants.

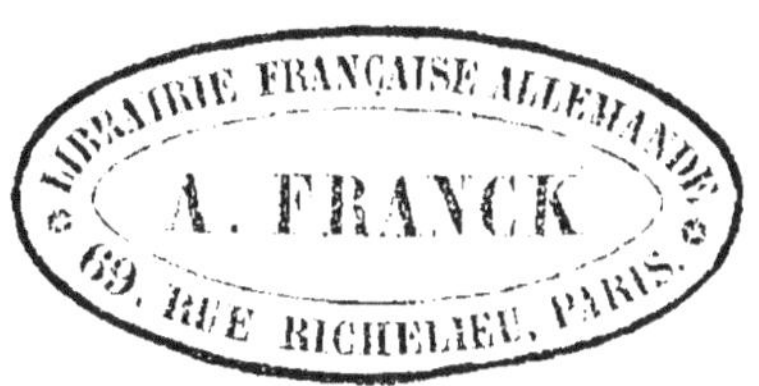


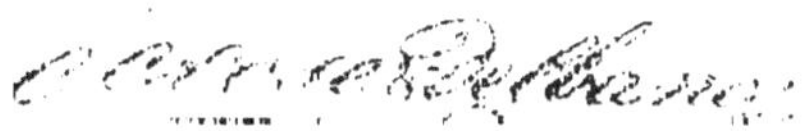

# CATALOGUE

d'une partie

## des ouvrages de Thorvaldsen

en marbre et en plâtre,

de piédestaux et blocs de marbre, de tableaux,
gravures, livres, médailles, bijoux etc.

### laissés par Thorvaldsen,

que la direction du Musée-Thorvaldsen fera vendre publiquement dans le vestibule du musée le 1 octobre 1849
et les jours suivants.

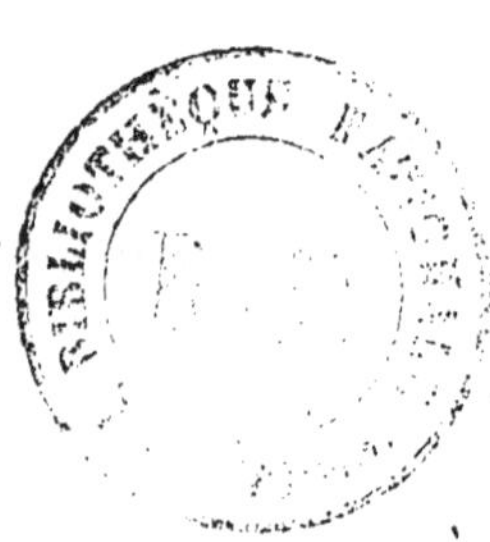



**COPENHAGUE.**

Imprimerie de Thiele.

**1849.**

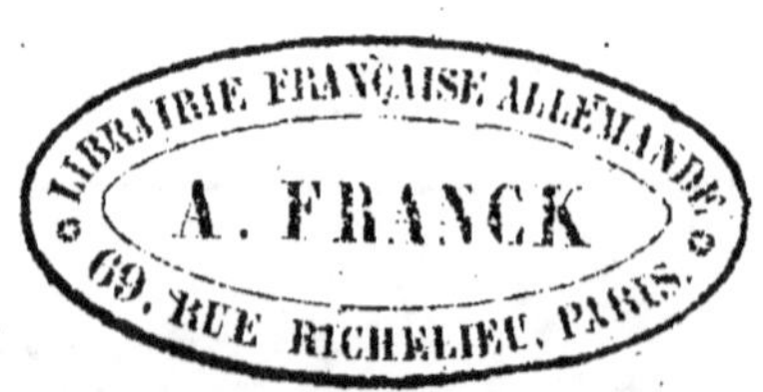

# Conditions de la vente.

### 1.

Tous les objets seront vendus dans l'état où ils se trou-
veront à la vente, et depuis ce temps ils resteront dans tous
les cas au compte et au risque de celui qui les aura achetés.

### 2.

Le paiement se fait en monnaie danoise. Les acheteurs
n'auront à payer que la somme d'achat. Des personnes con-
nues et accréditées auront 6 semaines de crédit. On ne re-
cevra point d'offres d'acheteurs étrangers par commissionnaires
à moins que ceux-ci ne soient munis d'assignations pour les
sommes requises.

### 3.

En cas litigieux l'acheteur est tenu aux formes judi-
ciaires reçus aux encans publics à Copenhague.

Copenhague 30 Juin 1849.

**Gustave Brock,**
Avocat à la Cour suprême.

Les objets appartenant à la masse de Thorvaldsen, que la direction du musée fait vendre à l'encan d'après ce catalogue, sont en partie des doubles, nommément les ouvrages de Thorvaldsen et la plupart des objets d'art, en partie des objets destinés à la vente par le testament même de Thorvaldsen, le musée ne devant contenir que des objets d'art.

En continuation de cette vente on vendra encore publiquement, le 5 octobre et les jours suivants, d'autres objets laissés par Thorvaldsen. Tels sont: des plâtres des ouvrages de Thorvaldsen dont des exemplaires se trouvent dans le débit arrangé par la direction du musée, ou qui ne sont que des morceaux de plus grands ouvrages; des objets d'art dont il y a un nombre d'exemplaires, ou qui n'ont pas été jugés d'assez de prix pour être conservés au musée; ensuite une collection de livres, surtout de philologie (échus à la masse de Thorvaldsen après le savant Bröndsted), et plusieurs autres objets.

S'il se trouve plusieurs exemplaires du même objet, ils seront vendus séparément.

Les mesures sont indiquées en pieds et pouces danois. Un pied (= 12 pouces) danois = 0,966 pied de France (= 0,3138 mètre). Dans les sculptures la plinthe ou le bord est compris dans la mesure.

Aux médailles le poids de l'or est indiqué en ducats (de Hollande), celui de l'argent en loths danois (un loth danois = 15,62 grammes). Les autres évaluations sont faites en écus danois. $18\frac{1}{2}$ écus danois = 1 marc de Cologne. Un écu danois = 2 francs 80 centimes = 18 bons gros de Prusse.

Les objets d'art seront exposés au public quelques jours avant la vente; les voyageurs, en s'adressant au concierge du musée, pourront en prendre connaissance même avant ce terme.

**MM. G. F. Hetsch** et **J. P. Møller**, professeurs à l'académie des beaux-arts, et **M. Reitzel**, libraire, offrent leurs services comme commissionnaires.

# TABLE.

## I.

# OUVRAGES DE THORVALDSEN EN MARBRE.

---

## 1. Ouvrages achevés.

**Laissés achevés par Thorvaldsen, tous en marbre statuaire blanc.**

### Statues:

1.  Mercure, se préparant à tuer Argus.  H. 5 pieds 4 p.
    *Cette statue est sans le pétase qui se trouve au modèle.  Le marbre a des taches.*
2.  Ganymède agenouillé, donnant à boire à l'aigle de Jupiter dans une coupe.  H. 2 pieds 10 p. L. 3 pieds 6 p.
3.  L'Amour debout, la main appuyée sur l'arc et les yeux levés vers le ciel.  H. 3 pieds $2\frac{1}{2}$ p.

### Reliefs:

4.  Les Grâces écoutant le chant de l'Amour.  (Pour le monument sépulcral du peintre Appiani.)  H. 3 pieds 11 p. Larg. 3 pieds 2 p.
5.  La Nuit, portant sur les bras ses enfants, le Sommeil et la Mort.  Médaillon.  Diam. 2 pieds 6 p.
6.  L'Amour, levant une flèche dans la main, conduit par la crinière le lion qui lui lèche le pied.  H. 1 pied 7 p. L. 2 pieds 1 p.
7.  L'Amour écrivant les lois de Jupiter.  Arrondi en haut. H. 1 pied 5 p.  L. 2 pied 2 p.

8. L'Amour caressant le chien fidèle. Arrondi en haut. H. 1 pied 3 p. L. 1 pied 10½ p.

9. L'Amour faisant un filet pour y prendre le papillon volant (Psyché). Pendant du relief précédent:

10. Une bacchante levant une grappe de raisins qu'un petit Satyre s'efforce de prendre. H. 1 pied 6 p. L. 2 pieds 6 p.

11. Pan enseignant à un petit Satyre à jouer de la syringe. Pendant du relief précédent.

12. Pan embrassant une nymphe chasseresse qui résiste à ses caresses. H. 2 pieds 2½ p. Larg. 1 pied 11½ p.

13. Une jeune fille faisant une couronne des fleurs que lui présentent un garçon et un petit enfant (Le printemps.) Médaillon. Diam. 2 pieds 2 p.

14. L'Amour caressant un cygne près du bord d'un lac, tandis que des enfants cueillent des pommes d'un arbre. (L'été.) H. 1 pied 8½ p. L. 2 pieds 3½ p.

15. Trois petits anges planant dans l'air. Au-dessous, une table d'inscription. (L'une des faces des fonts de baptême carrés.) H. 2 pieds 3 p. Larg. 1 pied 9 p.

16. Cheminée. Sous le manteau est placée la frise de Thorvaldsen composée d'Amours qui portent des guirlandes; le manteau lui-même est soutenu par deux Caryatides en relief exécutées d'après les grandes statues modelées par Thorvaldsen. H. des Caryatides 2 pieds 10 p. H. de la frise 9½ p. L. 4 pieds 3 p.

## 2. Ouvrages inachevés.

De marbre statuaire, à l'exception des nos 21 et 23-24. Les acheteurs de ces ouvrages pourront les faire terminer dans l'atelier de Thorvaldsen où la sculpture des ouvrages inachevés de Thorvaldsen se continue sous la direction du professeur Bissen. Pour les modèles en plâtre nécessaires pour ce but, ceux des nos 17, 18 et 27 sont en vente; pour les autres qui se trouvent dans le musée, l'administration offre de les faire mouler moyennant la restitution des frais.

## Statues:

17. L'Amour debout tenant l'arc. Même statue que le no 3.
Pointé; sans ailes.

## Bustes:

18. Buste colossal de Napoléon comme empereur apothéosé,
reposant sur un globe et élevé aux cieux par un aigle.
Presque achevé.

19. Le comte de Sommariva. Hermès de grandeur naturelle.
Presque achevé.

20. La marquise de Firenzi. De grandeur naturelle, sur
un piédouche rond. Presque achevé.

## Reliefs:

21. Le centaure Nessus embrassant Déjanire qui s'y oppose.
Pointé. Marbre ordinaire. H. 3 pieds 4 p. Larg. 4 pieds.

22. La bacchante avec le petit Satyre. Même relief que le
nº 10. Préparé.

23. Alexandre le Grand sur son char de triomphe. Pièce
du milieu de la frise qui représente l'entrée triomphale
d'Alexandre. Préparé. Marbre ordinaire. H. 5 pieds 8 p.
L. 6 pieds 9 p.

24. Même partie de frise. (La pose d'Alexandre diffère de
celle sur le relief précédent.) Rudement pointé. Marbre
ordinaire. H. 3 pieds 11 p. L. 6 pieds 6 p.

25. Les trois Grâces, planant. Médaillon. Rudement pointé.
Diam. 2 pieds 2 p.

26. L'Amour, portant sur l'épaule la fourche de Pluton,
conduit Cerbère sous un joug formé de son arc. (Génie
du feu.) Pointé, sur une plaque l. de 4 pieds 4 p., h.
de 10 p.

27. St. Jean baptisant Jésus-Christ. (L'une des faces des

fonts de baptême carrés, cfr. nº 15.) Rudement pointé. H. 2 pieds 3 p. Larg. 1 pied 9 p.

28.  Trois grands anges entourés de petits anges, célébrant les louanges de Dieu. (Fête de noël dans le ciel.) Médaillon. Rudement pointé. Diam. 3 pieds 3 p.

# II.

## OUVRAGES DE THORVALDSEN EN PLATRE.

Ceux des ouvrages suivants, auxquels il n'a pas été noté qu'ils sont des plâtres pris sur le marbre, ont été moulés sur les modèles. Ils ne se trouvent pas en vente dans la boutique où par les soins de la direction du musée se débitent des plâtres d'une partie des ouvrages de Thorvaldsen (excepté le no 53).

### Statues:

29.  Mercure se préparant à tuer Argus. H. 5 pieds 5 p.

30.  Vénus avec la pomme. Plâtre sur le marbre. H. 5 pieds 1 p.

31.  Les trois Grâces. (Groupe retouché en 1842.) H. 5 pieds 5$\frac{1}{2}$ p.

32.  Hébé présentant une coupe remplie. (Statue retouchée en 1816.) H. 5 pieds.

33.  Ganymède debout, versant du vase dans une coupe. Plâtre sur le marbre. H. 4 pieds 2 p.

34.  Ganymède agenouillé, donnant à boire à l'aigle de Jupiter dans une coupe. Plâtre sur le marbre. H. 2 pieds 10 p. L. 3 pieds 6 p.

35–44.  Dix apôtres: St. Pierre, St. Matthieu, St. Jean, St. Jacques majeur, St. Jacques mineur, St. Philippe, St. Thomas, St. Barthélémi, St. Simon Zélotes et St. Paul. Grandeur colossale, h. env. 7 pieds 8 p.

*La direction du musée offre à l'acheteur de ces 10 statues, qui seront vendues conjointement et pas au-dessous de 2000 écus danois, de faire prendre des plâtres des statues du Christ et des deux apôtres qui manquent, celles de St. André et de St. Thaddée (ou des deux modelées en 1821-1827 à la même epoque que les autres, ou des deux changées en 1841). Suivant un arrangement avec le mouleur du musée un plâtre du Christ sera livré au prix de 400 écus et les plâtres des deux apôtres ensemble au prix de 600 écus.*

45.  Caroline Amélie, reine de Danemark.  H. 5 pieds $6\frac{1}{2}$ p.

46.  Le cheval de la statue équestre colossale du prince Poniatowski.  H. (jusqu'au sommet de la tête) 12 pieds.

47.  Le cheval de la statue équestre de Maximilien I de Bavière.  (Plâtre sur le premier modèle.)  H. 6 pieds $4\frac{1}{2}$ p.

## Bustes:

48-49.  Hermès de J. C. Dahl, paysagiste norvégien à Dresde. Grandeur naturelle.  Deux exemplaires.

50.  Tête diadémée de femme.  Modelée pour la restauration d'une figure antique.  Grandeur naturelle.

51.  Tête de l'apôtre St. Pierre.  Colossale, sur un piédouche rond.

52.  Visage de la statue-portrait colossale du pape Pie VII.

## Reliefs:

53.  Frise: Entrée triomphale d'Alexandre le Grand dans Babylone.  Exemplaire modelé en 1818 sur une échelle réduite, et augmenté de plusieurs pièces ajoutées.  H. 1 pied 9 p. L. 74 pieds.
*Dans plusieurs endroits se trouvent les pointes pour l'exécution en marbre.*

54.  Pièce de la frise représentant le triomphe d'Alexandre, de l'exemplaire plus grand (H. 3 pieds 8 p.) exécuté pour le comte de Sommariva.  La garde et le berger avec sa famille près de la porte de Babylone.  Larg. 4 pieds.

55.  — Deux cavaliers de la suite d'Alexandre.  Larg. 4 pieds 9 p.

56.  — Dernière partie de la frise: un guerrier grec, Sommariva et Thorvaldsen.  Larg. 4 pieds.

57. — Même pièce.
*Avec les pointes pour l'exécution en marbre.*

58. Cortége des neuf Muses. (Partie de la frise représentant le cortége au Parnasse.) H. 2 pieds 1 p. L. 5 pieds 5 p.

59. Esculape et Hygiée. Médaillon. Diam. 2 pieds 8 p.

60. Hercule et Hébé. Médaillon. Diam. 2 pieds 8 p.
*Ces médaillons, modelés sur une échelle réduite d'après deux des quatre médaillons exécutés pour la façade du palais de Christiansbourg, offrent encore les pointes principales pour l'exécution en marbre.*

61. L'Amour enchaîné chez les Grâces. H. 1 pied 3 p. L. 2 pieds $3\frac{1}{2}$ p.

62. Briséis enlevée à Achille par les hérauts d'Agamemnon. (Variation de l'an 1837.) H. 2 pieds 3 p. L. 4 pieds $3\frac{1}{2}$ p.
*Avec les pointes pour l'exécution en marbre.*

63. Hector faisant des reproches à Pâris en présence d'Hélène. (Plâtre sur le marbre du relief modelé en 1809.) H. 2 pieds 3 p. L. 2 pieds 11 p.

64-65. Pan enseignant à un petit Satyre à jouer de la syringe. Deux exemplaires.

66. Même relief, plâtre sur le marbre.

67. Une bacchante levant une grappe de raisins qu'un petit Satyre s'efforce de prendre. Pendant du relief précédent. Plâtre sur le marbre.

68. La Victoire notant sur un bouclier le nom ou les exploits d'un guerrier. H. 3 pieds 1 p. Larg. 2 pieds 3 p.

69. Femme âgée agenouillée sur la base d'une colonne sépulcrale, à côté de laquelle est le génie de la mort. (Pour le monument sépulcral de lady Newboock.) H. 2 pieds 5 p. L. 2 pieds $5\frac{1}{2}$ p.
*Avec les pointes pour l'exécution en marbre.*

70. Apothéose de Schiller. (Pour le piédestal du monument de Schiller à Stuttgart, ainsi que les deux reliefs suivants.) H. 2 pieds. L. 4 pieds 1 p.

71. Le génie de la poésie, planant. H. et larg. 2 pieds 9½ p.
*Taché de rouille provenant du fer dans l'intérieur du plâtre.*

72. La Victoire, planant. H. 2 pieds 9 p. Larg. 2 pieds 8 p.

73. Le cardinal Consalvi ramenant à Pie VII les provinces papales. (Pour le sarcophage de Consalvi au Panthéon.) H. 1 pied 9½ p. L. 3 pieds 10 p.

74–75. Tête du philosophe H. Steffens. Médaillon. Diam. 1 pied 6 p. Deux exemplaires.

76. Tobie guérissant son père aveugle. (Pour le monument sépulcral du médecin Vacca à Pise.) Plâtre sur le marbre. H. 3 pieds 3 p. L. 6 pieds 3 p.

77. St. Jean baptisant Jésus-Christ. (Exécuté pour l'église de Notre-Dame à Copenhague, ainsi que le relief suivant.) H. 3 pieds. L. 7 pieds 1 p.

78. Institution de la Cène. H. 3 pieds. L. 7 pieds 1 p.

79. Jésus-Christ, entouré des apôtres, chargeant St. Pierre de la direction de l'église. (Exécuté pour la chapelle du palais Pitti à Florence.) Plâtre sur le marbre. H. 2 pieds. L. 5 pieds 8 p.

## Esquisses :

80. Statuette. Frédéric VI, roi de Danemark, assis en costume du sacre. H. 1 pied 5½ p.

81–82. — Goethe debout. H. 2 pieds 2½ p. Deux exemplaires.

83. — Goethe assis. H. 1 pied 5½ p.

84. — Gutenberg. (Esquisse du monument à Mayence.) H. 1 pied 9 p.

85. Pour un relief de fronton. Le jugement de Salomon. H. 1 pied 3 p. L. 6 pieds 4 p.

86. Médaillon. L'Amour entourant d'un bandeau de roses les flambeaux de l'Hymen. (Modelé pour la médaille frappée à l'occasion de l'anniversaire de 25 ans de mariage du

roi Christian VIII et de la reine Caroline Amélie.) Diam.
1 pied 6 p.

_______________

87. Statue en terre cuite du jeune garçon placé dans le groupe de fronton de l'église de Notre-Dame à côté de St. Jean et écoutant attentivement son sermon. H. 4 pieds 5 p.

## III.

## SCULPTURES D'AUTRES ARTISTES.

88. Buste d'Apollon en marbre, copie d'après l'antique. Sur un piédouche rond. H. 2 pieds.

89. Buste de Socrate en marbre, copie d'après l'antique. Sur un piédouche rond. H. 1 pied 7 p.

90. Portrait-buste en marbre d'un inconnu. Hermès. H. 1 pied 11 p.

91. Buste en plâtre de Thorvaldsen, par *Bissen*. Hermès. H. 2 pieds.

92. Médaillon offrant la tête de Thorvaldsen et la légende: A. THORVALDSEN DANUS SCULPTOR; en bronze. Diam. $12\frac{1}{2}$ p.

## IV.

## PIEDESTAUX DE MARBRE ET D'AUTRES PIERRES.

93. Piédestal haut, pour un hermès, de marbre grisâtre rayé. H. 4 pieds.

94–95. Deux colonnes rondes (diam. $8\frac{1}{2}$ p.) à bases plates et carrées, de marbre grisâtre rayé. H. 3 pieds 2 p.

96. Colonne ronde (diam. 1 pied $\frac{1}{2}$ p.) de marbre ondé de gris et de blanc, avec une base ronde de marbre blanc. H. 3 pieds $3\frac{3}{4}$ p.

97–98.  Deux colonnes rondes (diam. 8 p.) de granit, sur des bases rondes de marbre blanc avec une bordure sculptée en feuilles de chêne et en méandres.  H. 3 pieds $3\frac{3}{4}$ p.

99.  Piédouche rond pour un buste, de marbre ondé de noir, de jaune et de blanc.  H. 6 p.

100.  Piédouche pareil.  H. $5\frac{3}{4}$ p.

101.  Piédouche pareil.  H. 5 p.

102.  Piédestal carré, composé de marbres de diverses couleurs, ondés et tachetés.  H. 2 pieds $5\frac{1}{2}$ p.  Côté de la face supérieure 1 pied 5 p.

103.  Piédestal carré de marbre ondé de jaune et de rouge, avec une base de marbre noir.  H. $6\frac{1}{2}$ p.  Côté de la face supérieure $5\frac{3}{4}$ p.

104.  Piédestal carré de marbre blanc.  H. $8\frac{1}{2}$ p.  Côté de la face supérieure 4 p.

105.  Piédestal pareil.  H. 7 p.  Côté de la face supérieure. $3\frac{1}{2}$ p.

106.  Piédestal carré d'albâtre oriental, avec une base de marbre noir ondé.  H. $3\frac{1}{4}$ p.  Côté de la face supérieure $2\frac{3}{4}$ p.

107–8.  Deux piédestaux pareils.  H. 3 p.  Côté de la face supérieure $2\frac{1}{2}$ p.

# V.

## BLOCS DE MARBRE.

109.  Bloc de forme presque conique.  H. 3 pied 6 p.  Diam. en-bas 4 pieds, en-haut 2 pieds.  Marbre statuaire.  Marqué **TH 1.**

110.  Bloc à-peu-près de forme de parallélipipède, à grosseur inégale.  Côtés de la plus grande face env. 6 pieds et 3 pieds.  Au plus gros 1 pied 3 p. L'une face unie. Marbre statuaire. **A T 2.**

111. — Côtés env. 6 pieds et 2 pieds. Grosseur 1 pied -
1 pied 4 p. L'une face unie. Marbre statuaire. A T 3.

112. — Côtés env. 3 pieds 6 p. et 2 pieds 2 p. Grosseur env. 9 p. Marbre statuaire. $\overline{AF}$ 5.

113. — Côtés env. 5 pieds et 2 pieds 9 p. (L'un des
angles arrondi.) Grosseur 2 pieds 8 p. Marbre ordinaire.
A T 5.

114. — Côtés env. 3 pieds 10 p. et 9 pieds. Grosseur
1 pied 3 p. - 1 pied 5 p. Marbre ordinaire. A T 11.

115. Plaque, à-peu-près rectangulaire. Côtés env. 5 pieds
6 p. et 2 pieds 8 p. Grosseur 7-9 p. Les deux faces
unies. Marbre statuaire. A T 9.

116. — Côtés env. 9 pieds et 2 pieds. Grosseur 7 — 10
p. L'une face unie. Marbre ordinaire. TH 2.

117. — Côtés env. 4 pieds 4 p. et 2 pieds 6 p. Grosseur
3-7 p. Marbre ordinaire. A T 6. 9 Z F.

118. Plaque, presque ronde. Diam. 4 pieds 9 p. Grosseur
$2\frac{1}{2} - 4$ p. Marbre ordinaire. TH 3.

119. — Diam. env. 3 pieds. Grosseur de l'un côte 8 p.,
amincie de l'autre côté. L'une face unie. Marbre statuaire.
TH 4.

120. Plaque de forme irrégulière. L. env. 6 pieds, larg.
3 pieds, grosseur 4-5 p. L'une face unie. Marbre ordinaire. A T 7.


# VI.

## TABLEAUX À L'HUILE.

121. Guerrier dormant; demi-figure. Copie moderne d'après
le *Perugin* (?). H. 18 p. Larg. 14 p.

122. Copie d'après la Fornarina de *Raphaël* dans la galerie
degli Uffizi à Florence. Par *Eggink*. H. $15\frac{1}{2}$ p. Larg. $12\frac{1}{2}$ p.

123. Copie d'après la Madonna di Foligno de *Raphaël*. Par *Koop*. H. 26 p. Larg. 24 p.

124. Portrait d'une dame, demi-figure. Copie d'après le tableau du *Titien* dans le palais Barberini. Par *Koop*. H. $47\frac{1}{2}$ p. Larg. $35\frac{1}{2}$ p.

125. La Fortune. Copie d'après le tableau de *Guido Réni* au Capitole. H. $28\frac{1}{2}$ p. Larg. 23 p.

126–27. Paysages avec des rochers et des cascades. Copies d'après *Fr. Zuccarelli*. H. $11\frac{1}{2}$ p. Larg. $8\frac{1}{2}$ p.

128. L'hôte d'un cabaret romain, improvisant. Copie d'après *L. Fioroni* par *Koop*. H. $28\frac{1}{2}$ p. L. $38\frac{1}{4}$ p.

129. Portrait de Thorvaldsen. Copie d'après *Horace Vernet* par *Koop*. H. $38\frac{1}{4}$ p. Larg. $28\frac{3}{4}$ p.

130. Portrait en buste de la mère du peintre J. Juel. Copie d'après *Juel*. H. 18 p. Larg. $14\frac{1}{2}$ p.

131. Cloître avec deux religieux en conversation. Copie d'après *Eckersberg*. H. 13 p. L. $16\frac{1}{2}$ p.

132. Intérieur du Colisée. Copie d'après *Eckersberg*. H. $9\frac{1}{2}$ p. L. 14 p.

133. Un vieux pêcheur de Caprée, regardant de sa porte la mer orageuse. Copie d'après *Ernst Meyer* par *Koop*. H. 19 p. Larg. $15\frac{1}{4}$ p.

# VII.

## GRAVURES À L'EAU-FORTE ET AU BURIN.

### Lithographies.

### Gravures à l'eau forte.

134. *G. Busse*. Malerische Radierungen verschiedener Gegenden Italiens. Livr. 1 — 2. 12 feuilles in-fol. obl. (Sur pap. chin. ainsi que les suivantes à l'exception du n° 142.)

135–36.  *G. Busse.* Eibsee am Zugspitz. (De la collection précéd. ainsi que les deux n<sup>os</sup> suivants.) 2 exemplaires.

137–38.  — Tempio della Pace a Roma. 2 exempl.

139–40.  — S. Ercolano in Perugia. 2 exempl.

141.  — Macbeth. D'après *J. Koch.* In-fol. obl.

142.  — Apollo unter den Hirten. D'après *J. Koch.* In-fol. roy.

143.  — Ansicht der Stadt Pompei. In-fol. pap. gr. raisin.

144.  — Schule bei Albano unweit Rom. In-fol. obl.

145.  — Gegend bei Aricia unweit Rom. In-fol. obl.

146–47.  — Ruinen von Ciceros Villa Tusculana. In-fol. obl. 2 exempl.

148–49.  — Ruinen aus den Bädern von Ciceros Villa Formiana. In-fol. obl. 2 exempl.

150–51. — Die Heimath. In 8$^{vo}$ obl. 2 exempl.

152.  *Gius. Cades.* Léonard da Vinci mourant entre les bras de François I. Alle glorie della pittura. In-fol. imp. obl.

153.  *F. Guintotardi.* No 1-12. Paysages d'après les tableaux du Poussin dans le palais Colonna. 12 feuilles in-folio.

154.  *J. A. Klein.* Paysage avec des voyageurs devant une grande croix de pierre. De l'an 1808. In 8$^{vo}$ obl.

155.  — 6 feuilles d'études de chevaux. 1811. (Premier ouvrage destiné au public.) In 4$^{to}$.

156.  — Cheval sellé attaché aux grilles d'une fenêtre. 1811. In 8$^{vo}$ obl.

157.  — Chèvres et brebis. 1811. (Deux planches sur une feuille.) In 8$^{vo}$ obl.

158.  — Un garçon (frère de Klein) comme soldat. 1811. In 8$^{vo}$.

159.  — 6 Blatt Pferde, gez. u. geäzt von J. A. Klein 1812. In 8$^{vo}$ obl.

160.  *J. A. Klein.*  Cheval de paysan attaché à un hangar. 1812. In 8ᵛᵒ obl.

161–62.  —  Deux chevaux libres.  Un cheval de trait sur le bord d'un fleuve. 1812. (1 feuille.) In-12.  2 exempl.

163.  —  Deux têtes de chevaux de selle. 1812. In-16.

164.  —  Chiens. (2 planches sur 1 feuille.) 1812. In-16.

165–66.  —  Altes Stadt-Wappen an der Bastei zu Nürnberg. 1812. In-16.  2 exempl.

167.  —  10 characteristische Fuhrwerke, gez. u. geäzt von J. A. Klein in Wien 1813. (10 feuilles.)  In fol. obl.

168.  —  4 turcs assis en conversation. 1813. In-16.

169.  —  Bello, chien couché. 1813. In 8ᵛᵒ obl.

170.  —  Mérinos, 4 béliers. 1813. In 8ᵛᵒ obl.

171.  —  Paysage. 1813. In-16.

172.  —  Ruinen von Johannstein bei Wien. 1813. In-16.

173–74.  —  Sechs militairische Gegenstände, gez. u. radiert von J. A. Klein in Wien 1814. (6 feuilles.) In 8vo obl. 2 exempl.

175.  —  Ungarischer Schiffzug. 1814. In-fol. obl.

176.  —  Deux cavaliers galopant sur un pont. (1814.) In-fol. obl.

177.  —  Forge de campagne bavaroise. 1814. In-fol. obl.

178.  —  Französische Kriegsgefangene. 1814. In-fol. obl.

179.  —  Cheval avec l'adresse de Klein et ses instruments de peinture. 1814. In-16.

180.  —  Bivouac der Kosacken. (1814.) In-fol. obl.

181.  —  Patrouille der Kosacken. (1814.) In-fol. obl.

182.  —  Oestreichische Kohlbauern. 1814. In 4ᵗᵒ.

183.  —  Légère, chien couché. (1814.) In 8ᵛᵒ obl.

184.  —  Vieille femme lisant un almanach. Zum neuen Jahr 1815. In-12.

185.  —  Donsche Kosacken. 1815. In-fol. obl.

186.  —  Ungarische Büffel und Schaafe. 1815. In-fol. obl.

187. *J. A. Klein.* Sächsisches Fuhrwerk. 1815. In-fol. obl.

188. — Le haquet traîné par un cheval. 1815. In-8vo obl.

189. — Allegro, épagneul couché. 2 paysages. 1815. (1 feuille.) In-16.

190. — Hongrois vu du dos. Un basset. (1 feuille.) 1815. In-16.

191. — Würzburger Schiffmann. Caro, zum neuen Jahr 1816. (1 feuille.) In-8vo.

192. — Chien assis près des instruments de peinture et du porte-feuille avec l'adresse de l'artiste. 1816. In-16.

193. — Mère brebis avec son agneau. 1816. In-8vo obl.

194–95. — Soldats autrichiens au camp. 1816. In-8vo obl.

196. — Soldats russes. 1816. In-8vo obl.

197. — Postillon et courrier. Zum neuen Jahr 1817. In-16.

198. — Russisches Fuhrwerk. 1817. In-fol. obl.

199. — L'invalide. 1817. In 8vo.

200. — La mendiante hongroise. 1817. In-8vo.

201. — 6 Blätter Thierstudien, gez. u. geäzt von J. A. Klein. 1817. In-4to.

202. — Cochons devant une écurie. 1817. In-8vo obl.

203. — Le cheval reposant et les brebis près du saule. 1817. In 8vo obl.

204–5. — Schwalerl, caniche blanc. 1817. In-4to. 2 exempl.

206. — Enfant déchirant le vieux almanach. Zum neuen Jahr 1818. In-4to.

207. — Dragon autrichien près d'un fourgon. 1818. In-fol. obl.

208. — Soldats autrichiens près de la tente du vivandier. 1818. In-fol. obl.

209. — Forge de campagne russe. 1818. In-fol. obl.

210. *J. A. Klein.* Chevaux de cosaques sellés, dans une porte-cochère. 1818. In-fol. obl.

211. — Philax, chien d'attache couché. 1818. In-8^vo obl.

212. — 6 feuilles d'études d'animaux. Sur le titre: un chien buvant, "J. A. Klein fec. & excud. Viennæ 1818." In-8^vo obl.

213. — Vaches et un veau dans l'étable avec la vachère. (1818.) In-fol. obl.

214. — Traîneau de paysan attelé de deux chevaux. 1818. In-8^vo obl.

215. — Sennerinn von der Königsalp bei Berchtesgaden. 1818. In-4^to.

216–17. — Paysan tenant les boeufs attelés à une voiture dans laquelle montent des cosaques. 1819. In-fol. obl. 2 exempl.

218. — Deux cosaques se battant. 1819. In-fol. obl.

219. — Juif indiquant le chemin à une troupe de cosaques. 1819. In-fol. obl.

220. — Cosaques pillant. 1819. In-fol. obl.

221. — Cosaques vendant leur butin à des marchands juifs. 1819. In-fol. obl.

222–23. — Cosaques occupés de leur repas en campagne. 1819. In-fol. obl. 2 exempl.

224. — Klein, Erhard et les frères Reinhold en voyage dans le pays de Salzbourg. "Meinen Reisegefährten gewidmet." 1819. In-fol. obl.

225. — Blackhorses from Lincolnshire. 1819. In-fol. obl.

226. — Paysanne assise, portant un enfant sur le dos. Zum neuen Jahr 1820. In-16.

227–28. — Ane chargé près d'une femme de Frascati. Ane chargé seul. 1820. (Sur une feuille.) In-4^to. 2 exempl.

229. *J. A. Klein.* Auf dem Furkagebirge in der Schweitz. Mulets chargés. 1820. In fol. obl.

230. — Le pêcheur avec le verre de vin. "Felicissimo capo d'anno 1822." In 4to.

231. — Kirchner, peintre de Nuremberg, en voyage. In 8vo.

232. — Porte de Nuremberg avec un postillon. In 4to.

233. — Cheval sellé. In 8vo obl.

234–36. *C. Küchler.* Portrait en buste de Jos. Ant. Koch. (Sur papier chinois comme les suivants.) In 4to. 3 exempl.

237–38. — Joh. Chr. Reinhart. In 4to. 2 exempl.

239–41. — Joh. Martin Wagner. In 4to. 3 exempl.

242–44. — Friedr. Overbeck. In 4to. 3 exempl.

245. — A. Constantin. In 4to.

246–47. — Joh. Riepenhausen. In 4to. 2 exempl.

248. — Fr. Schiller à l'âge de 28 ans. In 8vo.

249. *Agost. Penna.* 24 vues de Rome et de ses environs. In fol. gr. rais.

250. *L. Ricciardelli.* 24 vues des portes et murs de Rome. In fol. obl.

251. *L. Rossini.* 24 vues des monuments de Rome. In fol.

252. — Veduta di Campidoglio di notte, per l'illuminazione. (Avec aqua-tinta.) In fol. obl.

## Gravures au burin.

253. *S. Amsler.* Portrait de Drovetti. D'après *Gau.* (Avant la lettre.) In 4to.

254. *C. Antonini.* Obélisques égyptiens à Rome. *A. Roncalli* del. 4 feuilles in fol. gr. rais.

255. — Obélisques à Rome. 3 feuilles in fol. roy.

256. *P. Aquila.* Bataille de Constantin le Grand et de Maxence. D'après la fresque de *Raphaël* au Vatican. In fol. obl. gr. rais.

257. *L. Barocci.* Beatrice Cenci. D'après *Guido Reni.* In 8<sup>vo</sup>.

258. *C. Bettelini.* Date obolum Belisario. D'après *Fr. Reh-berg.* In fol. roy.

259. — La Madonna col divoto. D'après le *Corrège.* In fol. gr. rais.

260–62. — Les bronzes de Siris. (Cuirasses antiques ornées de reliefs offrant la victoire d'un grec sur une amazone.) 2 feuilles in 4<sup>to</sup>. 3 exempl.

263. *A. Campanella.* Scène du massacre des innocents. D'après une des tapisseries de Raphaël. *St. Piale* del. In fol. roy.

264. — Jéhovah planant sur la mer au 5<sup>me</sup> jour de la création. D'après le plafond de *Michel–Ange* dans la chapelle Sixtine. (Avant la lettre.) In 4<sup>to</sup>.

265. *J. F. Clemens.* Histoire d'une famille en 6 tableaux, d'après *C. W. Eckersberg.* In fol.

266. — Socrate. D'après *N. Abildgaard.* In fol. obl.

267. — Homère. D'après *le même.* In fol.

268. — Portrait de J. Justus de Berger. D'après *J. Juel.* In-fol.

269. — Chr. Bastholm. D'après *le même.* In fol.

270. — Ove Höegh-Guldberg. D'après *le même.* In fol.

271. — C. A. D. Le Soufleur. D'après *le même.* In fol.

272. — Börge Riisbrigh. D'après *le même.* In fol.

273-74. — Joachim Gottsche Moltke. D'après *le même.* In fol. 2 exempl.

275. — Ove Malling. D'après *C. Stub.* In fol.

276. *G. Cottafavi.* Cinq vues de Tivoli. In fol. obl.

277. *Dom. Cunego.* Lo spasimo di Sicilia. D'après *Raphaël.* In-fol. imp.

278. — La Sibylle érythréenne avec les figures qui l'entourent, du plafond de *Michel–Ange* dans la chapelle Sixtine. In fol. gr. rais. *Taché d'humidité.*

279. — Jéhovah planant sur la mer. (Gen. I, 20.) Du *même* tableau. In 4^to.

280. — Groupe de trois figures du *même* tableau. In fol. imp. obl.

281–82. *E. C. W. Eckersberg.* L'écrivain public à Rome. D'après *E. Meier.* 2 exempl.

283. *J. Emili.* La sainte famille. D'après le tableau de *Raphaël* dans la galerie du Louvre. *R. Morghen* dir. In-fol. roy.

284. *Féodor Iwanowitsch.* La descente de la croix. D'après le modèle en cire d'un relief par *Michel-Ange.* (Avant la lettre.) In-fol. roy.

285. *W. F. Gmelin.* La Grotta di Nettuno a Tivoli. In-fol. imp.

286. — La cascata del Velino a Terni. In-fol. imp.

287. — Paysage dans une tempête; sur le second plan, une cascade. D'après le *Poussin.* (Avant la lettre.) In-fol. imp. obl.

288. — Paysage avec un haut palmier sur le premier plan et un lac sur le second plan. (Avant la lettre.) In-fol. imp. obl. *Taché.*

289. — Aci e Galatea. D'après *Claude Lorrain.* In-fol. imp. obl.

290-95. — Six vues de Rome et de ses environs. In-fol. obl.

296. — Veduta del luogo sepolcrale per gli Acattolici a Roma. In-fol. obl.

297. *Ant. Krüger.* Madonna del Cardellino. D'après le tableau de *Raphaël* à Florence. (Sur pap. chin.) In-fol. imp.

298. *D. Marchetti.* Hébé. D'après la statue de *Thorvaldsen.* *Ign. Podio* dis. In-fol. imp.

299. *C. Mercurj.* Sainte Amélie, Reine de Hongrie. D'après *Paul Delaroche.* In-fol.

300. *Raph. Morghen.* Portrait de Raphaël. D'après le tableau de *Raphaël* dans la Casa Altoviti à Florence. In-fol.

301. Même gravure, épreuve moins forte.

302. — Franciscus de Moncada. D'après *Ant. v. Dyck.* *St. Tofanelli* del. (Sans hachure transversale sur la cuirasse.) In-fol. gr. rais.

303. — Epreuve postérieure de la même gravure (avec hachure transversale sur la cuirasse).

304. — Mater pulchræ dilectionis. D'après *Raphaël. P. Ermini* del. In-fol. roy.

305. — St. Jean Baptiste. Ego vox clamantis in deserto etc. D'après *Guido Reni. St. Tofanelli* del. In-fol. roy.
     *Taché d'humidité au bord.*

306. — La transfiguration. D'après *Raphaël. St. Tofanelli* del. In-fol. gr. rais.

307. — Aurore, le dieu du Soleil et les Heures. Quadrijugis invectus equis Sol etc. D'après le plafond de *Guido Reni* au palais Rospigliosi. *A. Cavalucci* del. In-fol. obl. gr. rais.
     *Epreuve postérieure, tachée d'humidité sur le bord.*

308. — La Cène. Amen dico vobis quia unus etc. D'après *Leonard da Vinci. T. Matteini* del. In-fol. obl. gr. rais.

309. — Les nymphes de Diane tirant au but. Deliæ tutela Deæ fugaces etc. D'après *Dominiquin.* In-fol. obl. gr. rais.
     *Epreuve moins forte, tachée d'humidité sur le bord.*

310. — La messe de Bolsène. D'après *Raphaël. St. Tofanelli* del. *Jo. Volpato* dir. In-fol. obl. gr. rais.
     *Taché d'humidité sur le bord.*

311–12. *A. Oleszczynski.* Etude académique. In-fol. roy. 2 exempl.

313. *B. Pinelli.* I pilastri delle logge e le 8 stanze nel Vaticano, dipinte da *Raffaelle Sanzio.* 2 feuilles. In-fol. obl. imp.

314. *F. Ruscheweyh.* Sibyllæ 4 a *Raphaele Sanzio* Romæ in ecclesia S. Mariæ Pacis depictæ. In-fol. obl.

2*

315. *F. Ruscheweyh.* Il Parnasso. D'après *Raphaël.* In-fol. obl. imp.

316-17. — Portrait de B. G. Niebuhr. *J. Schnorr* del. In-fol. 2 exempl.

318. Même gravure sur pap. chin.

319-22. — Les Géants assiégeant l'Olympe. D'après *A. J. Carstens.* In-fol. 4 exempl.

323-25. — Persée et Andromède. D'après *le même.* In-fol. obl. 3 exempl.

326. *J. Thaeter.* Bataille des Huns. D'après *Kaulbach.* In-fol. obl. imp.

327. *Jo. Volpato.* L'école d'Athènes. D'après le tableau de *Raphaël* au Vatican. *J. Cades* del. In-fol. obl. gr. rais.
Avec des taches d'humidité.

328. — Héliodore chassé du temple. D'après *le même.* *B. Nocchi* del. In-fol. obl. gr. rais.
Avec des taches d'humidité.

329. — Attila devant Rome. D'après *le même.* *Id.* del. In-fol. obl. gr. rais.
Le bord rogné. Avec une déchirure et des taches d'humidité.

330. — L'incendie du bourg. D'après *le même.* *Id.* del. In-fol obl. gr. rais. Avec des taches d'humidité au bord.

331. — St. Pierre délivré de la prison. D'après *le même.* *Id.* del. In-fol. obl. gr. rais. Avec quelques taches et rogné.

## Lithographies.

332-33. *J. W. Gertner.* Portrait du peintre C. W. Eckersberg. Sur pap. chin. In-4^to. 2 exempl.

334-35. *P. Guglielmi.* Il Sonator di violino. D'après le tableau de *Raphaël* dans la galerie Sciarra. Sur pap. chin. In-fol. 2 exempl.

336. *C. Horneman.* Portrait de Thorvaldsen. In-fol.

337–38. *J. A. Klein.* Messieurs à cheval. 2 feuilles. 1811. In-8vo. obl.

339. — Paysan voiturant des tonneaux. 1817. Ton jaune. In-fol. obl.

340. — Pferde - Studien. 6 Blatt. München 1818 – 19. In-fol. obl.

341–42. *G. Longhi.* La chute des premiers hommes. D'après *Raphaël.* In-fol. roy. 2 exempl.

343–46. *A. M. Petersen.* Portrait de Thorvaldsen, demi figure. D'après *C. A. Jensen.* Sur pap. chin. In-fol. 4. exempl.

347. *J. N. Strixner.* (De l'ouvrage : Die Sammlung Alt-Nieder- und Ober - Deutscher Gemälde der Brüder Boisserée und Bertram, ainsi que les feuilles suivantes ) Die Verkündigung. D'après *Joh. v. Eyck.* (1ste Lief. No. 2.) In-fol. imp.

348. — Die Krönung der Maria. D'après un peintre de Cologne du 14me siècle. (2te Lief. No. 1.) In-fol. imp.

349. — Maria mit dem Kinde. D'après *Hugo v. d. Goes.* (4te Lief. No. 2.) In-fol. imp.

350. — Der Erzengel Michael. D'après *Joh. v. Mabuse.* (4te Lief. No. 3.) In-fol. imp.

351. — Die Aposteln Bartholomæus und Simon. D'après maître *Wilhelm* de Cologne. (5te Lief. No. 1.) In-fol. imp.

352. — Die Darbringung im Tempel. D'après *Joh. v. Eyck.* (5te Lief. No. 2.) In-fol. imp.

353. — Johannes der Evangelist. D'après *Joh. v. Melem.* *J. Bergmann* del. (5te Lief. No. 3.) In-fol. imp. étroit.

354. — Der Apostel Matthias und St. Bernhardus. D'après maître *Wilhelm* de Cologne. (6te Lief. No. 1.) In-fol. imp.

355. — Die heilige Barbara. D'après *Martin Schön.* (38te Lief. No. 2.) In-fol. imp. étroit.

# VIII.
## LIVRES D'ESTAMPES OU CONCERNANT
### les arts et les antiquités.

356. Collezione di 25 statue e basso-rilievi di *Thorvaldsen* con una breve illustrazione di *Carnevalini*. (25 tavv.) Roma 1826. In-fol.

357-58. Intera collezione di tutte le opere inv. e scolpite da *Thorvaldsen*, incisa a contorni con illustrazione di *Misserini*. T. I-II. (116 tavv.) Roma 1831-32. In-fol. 2 exempl.

359-63. Thorwaldsens Werke. I-II Heft. (11 Taf.) Rom 1836. In-fol. obl. 5 exempl.

364-68. Entrée d'Alexandre le Grand en Babylone, frise par *B. Thorvaldsen*, d'après les dessins de *Fr. Overbeck* et autres gravé par *S. Amsler*. Avec des explications de *L. Schorn*. (22 pl.) In-fol. obl. 5 exempl.

369-70. Basreliefs des Bildhauers *A. Thorvaldsen*. 1-3 Lief. Alexander des Groszen Einzug in 18 Bl., allegor. Darstellungen und Grabmäler in 6 Bl. nebst Erläuterung. Nach den Zeichnungen von *Fr. Overbeck* gestochen von *P. Bettelini* u. *D. Marchetti*. Frankf. In-fol. obl. 2 exempl.

371-75. *C. A. M. Ricci:* L'Anacreonte di Thorvaldsen in XXIV bassorilievi. Rieti 1828. In-4$^{\text{to}}$. 5 exempl.

376-78. — Anacreonte novissimo del commend. A. Thorvaldsen in XXX bassorilievi anacreontici. Roma 1832. In-8$^{\text{vo}}$. 3 exempl.

379. Elogio del pittore Milanese A. Appiani. (Avec une gravure du monument sur Appiani par Thorvaldsen.) In-fol.

380-84. *G. A. Guattani:* Lezioni di storia, mitologia e costumi. Vol. I-III. Roma 1838-39. In-8$^{\text{vo}}$. 5 exempl.

385. *F. Mercuri:* Le pitture dei Filostrati e le statue di Callistrato. Vol. I-II. Roma 1828. In-8$^{\text{vo}}$.

386–88. Monumenti antichi inediti, illustr. da *Giov. Winckelmann.* 2<sup>da</sup> ed. T. I. II, P. 1-2. T. di suppl. 7 Dissertazioni di *St. Raffei.* (3 voll. con tavv.) Roma 1821. In-4<sup>to</sup>. 3 exempl.

389. *L. Canina:* L'architettura Greca, considerata nei monumenti. (Con 80 tav.) Roma 1827. In-fol.

390. Admiranda romanarum antiquitatum ac veteris sculpturæ vestigia anaglyphico opere elaborata, ex marmoreis exemplaribus, quæ Romæ adhuc extant, a *P. Sancti Bartolo* delineata et incisa, notis *J. P. Bellorii* illustrata. Tab. 1-84. Romæ 1693. In-fol. obl.

391. Vetera monumenta, quæ in hortis Caelimontanis et in ædibus Matthæiorum asservantur, coll. et illustr. a *R. Venuti.* T. I-III. (Cum tabb.) Romæ 1776-79. In-fol.

392. Sculture del palazzo della villa Borghese detta Pinciana. T. I-II. (Con tavv.) Roma 1796. In-8<sup>vo</sup>.

393. *E. Quirino Visconti:* Monumenti Gabini della villa Pinciana. (Con tavv.) Roma 1797. In-8<sup>vo</sup>.

394. Li bassirilievi antichi di Roma, incisi da *T. Piroli,* colle illustraz. di *G. Zoega.* T. I-II. (19 Distrib. con 115 tavv.) 1807-9. In-4<sup>to</sup>.

395–96. Raccolta d'antiche statue, busti, bassirilievi ed altre sculture, restaurate da *Bart. Cavaceppi,* scultore rom. Vol. I-III. (Cum tabb.) Roma 1768-72. In-fol. 2 exempl.

397. Seneca e Socrate, erme bicipite, illustr. di *Lorenzo Re* Romano. (Con 3 tav.) Roma 1816. In-fol.

398. (*C. Antonini:*) Raccolta di candelabri antichi. T. I-II. (1 Vol. Tabb.) 1837. S. l. In-fol.

399. — Raccolta di rosoni antichi. T. I-II. (I Vol. Tabb.) 1837. S. l. In-fol.

400. *F. Corsi:* Delle pietre antiche libri quattro. Roma 1828. In-8<sup>vo</sup>.

401. — Ediz. 2<sup>da</sup> corretta e accresciuta. Roma 1833. 8.

402. *Ez. Spanhemii* Dissertationes de præstantia et usu numismatum antiquorum. Amstel. 1674. In-4<sup>to</sup>.

403-4. Observations numismatiques, dediées a Thorvaldsen. (Avec 1 pl.) Roma 1833. 2 exempl.

405. *Millingen:* Recueil de quelques médailles Grecques inédites. (Avec 4 pl.) Rome 1812. In-4<sup>to</sup>.

406. *C. P. de Bosset:* Essai sur les médailles antiques des îles de Céphalonie et d'Ithaque. (Avec 5 pl.) Londres 1815. In-4<sup>to</sup>.

407-9. Indicazione delle medaglie antiche di P. Vitali, opera di *Aless. Visconti.* P. I-II. Roma 1805. In-4<sup>to</sup>. 3 expl.

410. Catalogus numorum veterùm Græcorum et Latinorum musei regis Daniæ. Descr. *C. Ramus.* Pars. I-II. (Cum tabb.) Hafn. 1846. In-4<sup>to</sup>.

411-13. *G. Zoega:* Numi ægyptii imperatorii. (Cum tabb.) Romæ 1787. In-4<sup>to</sup>. 3 exempl.

414. Iscrizioni Greche Triopee ora Borghesiane con vers. di *E. Q. Visconti.* (Con tavv.) Roma 1794. In-fol.

415. *G. Micali:* Storia degli antichi popoli Italiani. T. I-III. Firenze 1832. 8. Con atlante in fol. contenente 120 tavole.

416. *Dorow:* Voyage archéologique dans l'ancienne Etrurie. Avec 16 planches. Trad. par *Eyriès.* Paris 1829. In-4<sup>to</sup>.

417. Il tempio della Fortuna Prenestina, ristaurato da *C. Thon*, descr. da *Ant. Nibby.* (Con 5 tav.) Roma 1825. Fol.

418. *A. Nibby:* Analisi storico-topografico-antiquaria della carta de' dintorni di Roma. T. I-II. Roma 1837. In-8<sup>vo</sup>.

419. Denkmäler des alten Roms, nach *Barbaults* Zeichnung, nebst einer Erklärung derselben. Aus dem Französischen übersetzt. (Cum tabb.) Leipzig 1803. In-fol.

420. *A. Uggeri:* Journées pittoresques des édifices de Rome ancienne. Vol. I.* Romæ 1800. In-fol. obl.

421. — Iconographie des édifices de Rome ancienne (Vol. II. 30 tabb.) In-fol. obl.

422. — Détails des matériaux dont se servaient les anciens pour la construction de leur batimens. (Vol. III en 2 voll. 50 tabb.) In-fol. obl.

423. — Les 3 ordres grecs d'après les monumens de Rome antique. (Vol. IV.) Sect. 1. Ordre dorique, 31 tabb. 2. ionique, 33 tabb. 3. corinthien, 30 tabb. In-fol. obl.

424. — Ordre dorique. (Sect. 1.) In-fol. obl.

425. — Ordre ionique. (Sect. 2.) In-fol. obl.

426. Veteres arcus Augustorum triumphis insignes, ex reliquiis quæ Romæ adhuc supersunt restituti et notis *J. P. Bellorii* illustrati. Ed. J. J. de Rubeis. (52 tabb.) Romæ 1690. In-fol.

427. Colonna Traiana, disegnata et intagliata da *P. Santi Bartoli*, con l'esposizione latina d' *Alf. Ciaccone*, compendiata nella vulgare lingua da *G. P. Bellori*. Tav. 1-119. Ed. G. G. de Rossi Roma. S. a. In-fol. obl.

428. Columna cochlis Marco Aurelio Antonino dicata cum notis *Bellorii* a *P. S. Bartolo* ære incisa. (80 tabb.) Ed. Dom. de Rubeis. Roma 1704. In-fol. obl.

429. Le pitture antiche delle grotte di Roma e del sepolcro de' Nasoni, disegnate et intagliate da *P. Santi Bartoli* e *Fr. Bartoli*, descr. et illustrate da *G. P. Bellori* e *M. C. de la Chausse*. (Cum tabb.) Roma 1706. In-fol.

430. Gli antichi sepolcri ovvero mausolei romani ed etruschi, dis. ed intagliati da *P. Santi Bartoli*. (Tab. 1-110.) Roma 1768. In-fol.

431-33. 100 Vues de Rome et de ses environs, gravées (presque au trait) par *Ant. Aquaroni*, avec titre anglais, réunies dans un album comme Souvenirs de Rome. In-fol. obl. 3 exempl.

434. Les ruines de Pompéi, dessinées et mesurées par *F. Mazois* pendant les années 1809, 1810, 1811. P. I. (Avec planches.) Paris 1812. In-fol.

435. *L. Pascoli:* Vite de pittori, scultori et architetti Perugini. Roma 1732. In-4to.

436. *B. G. Vermiglioli:* Dell' acquedotto e della fontana maggiore di Perugia. Perugia 1827. In-4to.

437. *Giov. Stern:* Piante, elevazioni, profili e spaccati degli edifici della villa suburbana di Giulio III. (Tavv.) Roma 1784. In-fol.

438. Le pitture di *Masaccio* esistenti in Roma nella basilica di S. Clemente colle teste lucidate da *C. Labruzzi* e pubblicate da Giov. dalle armi. (Quadro 1-9. Tavv.) Roma 1809. In-fol.

439. Imagines Vet. ac Novi Test. a *Raphaele Sanctio* Urbinate in Vaticani palatii xystis mira picturæ elegantia expressæ. (Tab. 1-52.) J. J. de Rubeis ed. Romæ 1675. In-fol. obl.

440. Parerga atque ornamenta, ex Raphaelis Sanctii prototypis, a *J. Nannio Utinensi* in Vaticani palatii xystis partim opere plastico partim coloribus expressa. Del. et inc. *P. S. Bartolus.* Ed. J. J. de Rubeis. (Tab. 1-43.) Roma. S. a. In-fol. obl.

441. *P. P. Montagnani:* Esposizione descrittiva delle pitture di Raffaelle Sanzio da Urbino nelle stanze Vaticane. Roma 1828. In-8vo.

442. Opere di Ant. Raffaélle Mengs, publ. da *G. N. d'Azara,* ed. da *C. Fea.* Roma 1787. In-4to.

443. *M. Misserini:* Memorie per servire alla storia della Romana accademia di S. Luca fino alla morte di Ant. Canova. Roma 1823. In-4to.

444.   Opera di pittura e di scultura, cond. da alcuni acca-
demici di S. Luca, descr. da *S. Betti.* Roma 1838. In-8vo.

445.   *Hawks le Grice:* Walks through the studj of the scultors
at Rome. Vol I-II. (1 Vol.) Rome 1841. In-8vo.

446.   Le arti Italiane in Ispagna. Roma 1824. In-fol.

447.   Même ouvrage, traduction française.

448–49.   *C. Labruzzi:* Figure fatte da cinque punti obbligati.
(Tabb. 1-13.) In-fol. 2 exempl.

450–54.   Composizioni sulle Notti romane di Aless. Verri,
inv. ed inc. da *Vinc. Gajazzi.* (Tav. 1-40.) Roma 1832.
In-fol. obl. 5 exempl.

455.   Ultima opera di *Bart. Pinelli:* Il Maggio romanesco
ovvero Il palio conquistato, poema epico-giocoso di G. C. Pe-
resio. (Tav. 1-8.) Roma 1835. In-fol. obl.

456.   Compositions from the tragedies of Æschylus, designed
by *J. Flaxman,* engraved by *Th. Piroli.* (Tab. 1-30.) S. l.
et a. In-fol. obl.

457.   Les argonautes, en 24 planches inv. et dessinées par
*A. J. Carstens* et gravées par *J. Koch.* Rome an. VII rep.
In-fol. obl.

458–59.   *F. & J. Riepenhausen.* Peintures de Polygnote à
Delphes, dessinées et gravées d'après la description de
Pausanias. La descente d'Ulysse aux enfers. (Tab. 1-20.)
Rome 1826. In-fol. obl. 2 exempl.

460–61.   —   La prise de la ville de Troie et le départ
des Grecs. (Tab. 1-18.) Rome 1829. In-fol. obl. 2 exempl.

462.   Vita di Raffaelle da Urbino, disegnata ed incisa da
*G. Riepenhausen* in XII tavole. Roma 1833. In-fol.

463.   Dessins de *C. G. Kratzenstein – Stub,* publiés par
C. Chr. Bang. (Tabb.) Copenh. 1848. In-fol. obl.

464.   *Q. Horatii Flacci* Satyra 5 libri I. (Cum 20 tabb.)
Romæ 1846. In-fol.

465. Italia, Grecia, Svizzera e Germania Renana, illustr. da una serie di finissimo incisioni in acciaio. Distrib. 1-40. Firenze 1842. In-4<sup>to</sup>.

466. The picturesque beauties of the Hudson river and its vicinity, illustr. in a series of views, with historical and descriptive illustr. Part 1-2. New-York 1835. In-4<sup>to</sup>.

467. Galleria biblica, formata da une serie di 90 incisioni in acciaio. Con illustraz. Distrib. 1-16. Torino e Firenze s. a. In-4<sup>to</sup>.


# IX.

## MÉDAILLES MODERNES.

468-71. A. THORVALDSEN DANUS SCULPTOR. Tête de Thorvaldsen. ℞. L'art et le Génie céleste (d'après le relief de Thorvaldsen). A l'exergue: A GENIO LUMEN. Par *Brandt*. Bronze. 4 exempl.

472-75. THORVALDSEN SCULPTOR. Même tête. ℞. PROMETHEUS. Minerva accordant l'âme à l'homme formé par Prométhée (d'après le relief de Thorvaldsen). A l'exergue: MDCCCXXXII. Par *G. Galeazzi*. Bronze. 4 exempl.

476-77. ALBERTUS THORVALDSEN. Même tête, vue de face. ℞. Le Génie de la sculpture agenouillé, tenant sur la main le groupe des Grâces par Thorvaldsen. Entouré d'une couronne de lauriers. Par *Goetze*. Bronze. 2 exempl.

478-81. Même médaille offrant la tête de Thorvaldsen vue de côté. Bronze. 4 exempl.

482-84. ALBERTUS THORVALDSEN. Même tête. ℞. ERATO. L'Amour écoutant le chant de la Muse (d'après le relief de Thorvaldsen). A l'exergue: MDCCCXXXVII. Par *C. Voigt*. Bronze. 3 exempl.

485. Les deux précédentes médailles en bronze, dans un étui.

486–88. A. THORVALDSEN. Portrait en buste de Thorvaldsen en costume d'atelier. ℞. CHARITES REDUXIT ORBI TERRARUM. Les Grâces et l'Amour qui joue de la lyre (d'après le groupe de Thorvaldsen). Par *F. König*. Bronze. 3 exempl.

489. ANDREA APPIANI. Tête d'Appiani. ℞. MILANESE PITTORE CELEBERRIMO N. L'A. MDCCLIV M. L'A. MDCCCXVII. Monument érigé dans l'académie de Milan à Appiani, offrant son portrait en médaillon et le relief des Grâces par Thorvaldsen. Aux côtés: MONUM. ERETTO; à l'exergue: L'A. MDCCCXXVI. Par *L. Manfredini*. Argent. (P. $3\frac{3}{8}$ loths dan.)

490. Même médaille en bronze.

491. PIUS VII PONT. MAX. ANNO XXII. Portrait du Pape. ℞. VIII VIRI DATI COGNOSCEND. CURAND. MONUMENTIS ARTIUM OPTIM. A l'exergue: VII ID. APRIL. MDCCCXX. Par *T. Mercandetti*. Or. (P. $10\frac{3}{8}$ duc.)

492. LEO XII PONT. MAX. ANNO II. Portrait du pape. ℞. Même inscription qu'à la médaille précédente. Par *G. Girometti*. Or. (P. $10\frac{1}{2}$ duc.)

493. Même portrait et légende. AN. III. ℞. Leo XII visitant l'hôpital de S. Spirito. A l'exergue: INFIRMUS ERAM ET VISITASTIS ME. Par *G. Cerbara*. Or. (P. $12\frac{7}{16}$ duc.)

494. Même portrait et légende. AN. IV. ℞. Le baptistère de l'église S. Maria Maggiore à Rome, reconstruit et embelli sous Léon XII. A l'exergue: BAPTISTERIO LIBERIANO ERECTO DEDICATO. Par *G. Girometti*. Bronze.

495. Même portrait et légende. AN. V. ℞. Chapelle consacrée à la sainte Vierge par Léon XII. A l'exergue: DEIPARÆ DICATUM IN ANTRO GINGUNI MONTIS. Par *G. Cerbara*. Or. (P. $12\frac{5}{8}$ duc.)

496. PIUS VIII PONT. MAX. ANNO II. Portrait du Pape. ℞. IUSTITIA ET PAX OSCULATÆ SUNT. Le Génie de la paix s'approchant de la déesse de la Justice. Derrière: un lion et un

petit Génie avec les insignes de la papauté. A l'exergue: MDCCCXXX. Par *G. Cerbara.* Or. (P. $12\frac{15}{16}$ duc.)

497. GREGORIUS XVI PONT. MAX. AN II. Portrait du Pape. ℞. Minerve debout, ayant sur le bras l'écu du pape devant lequel recule un géant à pieds serpentiformes. A côté: la louve avec les jumeaux et le dieu du Tibre; derrière. l'église de St. Pierre. A l'exergue: NON PRÆVALEBUNT ADVERSUS EAM. Par *G. Cerbara.* Or. (P. $12\frac{1}{2}$ duc.)

498. Même médaille en or. (P. $12\frac{15}{16}$ duc.)

499. Même portrait et légende. AN III. ℞. PACIS ET RELIGIONIS AMOR. La religion et la paix se tendant les mains. A l'exergue: MDCCCXXXIII. Par *G. Girometti.* Or. (P. $11\frac{11}{16}$ duc.)

500. Même portrait et légende. AN. IV. ℞. Le dieu de l'Anio reposant auprès de la montagne percée pour détourner le fleuve à Tivoli. A l'exergue: CATILLO MONTE AD ANIENEM AVERTENDUM PERFOSSO FLUVIONUM CLADIBUS OCCURRIT. Par *G. Cerbara.* Or. (P. $12\frac{5}{8}$ duc.)

501. Même médaille en or. (P. $11\frac{3}{8}$ duc.)

502. Même portrait et légende. AN. VI. ℞. CENTUMCELL. URBE AMPLIFICATA. La déesse de Civita Vecchia assise au port de la ville. A l'exergue: PORTU REDDITO TUTIORE. Par *G. Cerbara.* Or. (P. $13\frac{5}{8}$ duc.)

503. Même portrait et légende. AN. VII. ℞. Même inscription qu'au n° 491. Par *G. Girometti.* (P. $12$ duc.)

504. Même portrait et légende, entourés d'une couronne de feuilles de chêne. ℞. Un petit Génie montrant à Rome assise les antiquités étrusques tirées du sein de la terre. A l'exergue: NOVUM ÆD. VATICAN. DECUS MDCCCXXXVII. (Frappée à l'occasion du Museo Gregoriano fondé par le Pape pour y conserver les antiquités étrusques.) Par *P. Girometti.* Argent. (P. $4\frac{1}{4}$ loths dan.)

505. Même médaille. Bronze doré.

506. Même portrait et légende. AN. VIII. R⸳. La maison de poste à Rome élargie et embellie sous Grégoire XVI. A l'exergue: PORTICU ERUTIS SOLO VEIENTI COLUMNIS EXSTRUCTA. Par *G. Cerbara.* Or. (P. $13\frac{13}{16}$ duc.)

507. Même portrait et légende. AN. IX. R⸳. MIRABILIS DEUS IN SANCTIS SUIS. Quatre saints et une sainte dans les nuages: Liguori fondateur de l'ordre des rédemptoristes, G. della Croce franciscain, Fr. di Geronimo jésuite, Pacifico di S. Severino minorite, et Veronica Giuliani capucine. A l'exergue: VII. KAL. IUN. MDCCCXXXVIII. (Frappée à l'occasion de leur béatification par Grégoire XVI.) Par *G. Girometti.* Or. (P. $14\frac{1}{16}$ duc.)

508. Même portrait et légende. AN. X. R⸳. La Fabbrica Nuova à Rome, construite pour favoriser l'industrie. A l'exergue: UBI INDECORA LOCO LIGNA CONGESTA PROSTABANT..... Par *G. Cerbara.* Or. (P. $13\frac{5}{8}$ duc.)

509. Même portrait et légende. AN. XII. R⸳. Le Castel d'Ancone. A l'exergue: ARCE ANCÓNITANA RESTITUTA NOVIS OPERIBUS MUNITA AN. 1842. Par *G. Cerbara.* Or. (P. $14\frac{1}{8}$ duc.)

510. Même médaille en or. (P. $14\frac{9}{16}$ duc.)

511. SIC MORBUS MORBO CURATUR. Un enfant, ayant le bras marqué de la vaccine, conduit par Hygiée, couronne le buste d'Al. Sacco au piédestal duquel est représentée une vache. A l'exergue: VIII KALENDAS MAII ANNO I REIP. ITALICÆ. MDCCCII. R⸳. ALOYSIO SACCO JENNERIANÆ INSITIONIS PRIMO IN COENOMANIS PROPAGATORI BENEMER. MUNICIPIUM GRATES. Par *L. M(anfredini).* Or. (P. 50 duc.)

512. Deux médailles en bronze dans un étui, frappées en l'honneur du cardinal Consalvi, dont toutes les deux offrent le portrait et le nom. L'une, par *G. Cerbara,* porte au rev. la légende: VIRO IMMORTALI DE RELIG. PATR. PRINC. OPTIME MERITO ..... ROMÆ MDCCCXXIIII. L'autre, par *G. Girometti,*

porte au rev. Minerve debout, un gouvernail à la main; au-dessus: QUO FAS ET GLORIA DUCUNT; à l'exergue: DE AMICORUM SENTENTIA ROMÆ MDCCCXXIV.

543. BONAPARTE PRIMUS CONSUL. ANNO VIII. Portrait de Napoléon. ℞. XII MUNITISSIMIS OPPIDIS UNA DIE AD DEDITIONEM COACTIS. Hercule, vainqueur de ses ennemis, relève par le bras l'Italie couchée sur la terre. Derrière eux la Victoire écrit sur un bouclier suspendu à un trophée: HOSTIBUS PROPE MARENGUM FUSIS. A l'exergue: RESPUBLICA CISALPINA RESTITUTA. (Frappée à Milan d'après la composition d'Appiani.) Par *Lavy*. Or. (P. 50 duc.)

544. ELISA NAPOL. AUG. SOROR ET FELIX I PRINCC. LUCÆ ET PLUMBINI. Portraits affrontés de Felix I de Parme et de son épouse. ℞. ACAD. LUCENSIUM NAPOLONEA INSTITUTA A MDCCCV FELICITER. Couronne de lauriers dans laquelle: DIGNIORIBUS MUNERANDIS. Par *Santarelli*. (Médaille décernée en prix à l'académie de Luques.) Or. (P. $19\frac{1}{2}$ duc.)

545. J. G. SCHADOW. GEB. BERLIN 20 MAI 1764. MITGL. D. AKAD. 1788. DIRECTOR 1816. Tête de Schadow. ℞. Persée conduisant du rocher Andromède délivrée. Aux côtés: ZU ROM 18 OCT. 1786 GEKRÖNT V. D. AK. S. LUC. ZU BERLIN 20 MAI 1834 GEFEIERT V. D. AK. D. K. Par *G. Fischer*. Bronze (fondu).

516-17. JOHN EARL OF ELDON LORD HIGH CHANCELLOR OF GREAT BRITAIN 1827. Portrait de Lord Eldon. ℞. BORN 5 JUNE 1751..... Par *C. Voigt*. Bronze. 2 exempl.

518. LUDWIG D. AELT. MARKGR. ZU BRANDENB....... 1324-1361. Portrait du margrave. ℞. KR. LUDWIG BELEHNT SEINEN SOHN HERZ. LUDWIG V. BAIERN MIT DER M. BRANDENB. L'empereur Louis de Bavière, assis sur le trône, tend la main à son fils âgé de 14 ans, entouré de ses 5 tuteurs. Par *C. Voigt*. (*G. Loos* dir.) Bronze.

519. Portrait d'homme. ℞. Couronne de feuilles de chêne. Sans légende. Par *C. Voigt*. Bronze.

# X.

## BIJOUX, TABATIÈRES, COUPES DE MARBRE,

### presse-papier, instruments de sculpture etc.

520. Un grand brillant, $7\frac{5}{32}$ carats, première qualité. Monté dans une épingle d'or. (Evaluée à 3500 écus dan.)

521. Un brillant, $3\frac{1}{64}$ carats, première qualité. Monté dans une bague d'or. (Evalué à 600 écus dan.)

522. Bague d'or avec une plaque ovale en émail bleu, sur laquelle un A surmonté d'une couronne composée de petits diamants, entourée de 12 brillants. Les côtés de la bague sont de même garnis de petit diamants. (Evaluée à 550 écus dan.)

523. Bague de gros fils d'or enlacés.

524. Bague d'or, massive et cannelée, avec une améthyste.

525. Bague d'or, plate et unie, avec un onyx.

526. Deux petites épingles d'or (*inséparables*) unies par une chaine.

527. Chaîne de montre avec clef et cachet, en or. (Evaluée à 30 écus dan.)

528. Cachet d'or à musique.

529. Plaque carrée de mosaïque romaine, représentant deux chevaux sur un champ. H. $2\frac{1}{12}$ p. L. $2\frac{2}{3}$ p.

---

530. Tabatière d'or, ronde, ornée d'arabesques ciselées avec goût Sur le couvercle une mosaïque ovale de bonne fabrique, représentant un lévrier avec ses petits sous un arbre. (Evaluée à 85 écus dan.)

531. Tabatière rectangulaire, à côtés arrondis. Avec diverses arabesques sur un fond d'émail rouge et bleu, et un
paysage émaillé sur le couvercle. (Evaluée à 70 écus dan.)
*L'émail est un peu endommagé aux côtés.*

532. Tabatière d'or, rectangulaire, à faces plates et à orne-
ments ciselés. Sur le couvercle: la Mort, sous les traits
d'un vieillard ailé avec une faux, cassant l'arc et les flèchss
de l'Amour, gravure en creux. (Evaluée à 85 écus dan.)

533. Boite de lave grise, garnie d'or, oblongue, octogone.
Sur le couvercle: une néréide avec deux chevaux marins,
en relief.

534. Tabatière de porphyre verdâtre, ronde e plate.

535. Pareille de serpentine, à-demi transparente.

536. Pareille d'une espèce de calcédoine jaunâtre et transparente.

---

537. Boite ronde (diam. 4 p.) à couvercle bombé, de serpentine. H. $2\frac{1}{2}$ p.

538. Coupe ronde et plate (diam. $7\frac{1}{2}$ p.) sur un pied élevé,
de marbre jaunâtre ondé. H. $5\frac{1}{2}$ p.

539. Coupe oblongue à deux pieds, de serpentine, sur une
plaque de marbre jaunâtre. H. 3 p. L. 6 p.

540. Coupe longue et étroite sans pieds, de marbre rouge
ondé. H. 1 p. L. 13 p.

541. Obélisque composée de diverses espèces de marbre
et de porphyre. H. 1 pied.

---

542. Un lion en attitude d'attaque, de bronze, sur une plaque
de marbre jaune. (Presse-papier, ainsi que les 3 n[os]
suivants.)

543. Un taureau marchant, de bronze, sur une plaque de
marbre jaune ondé.

544. Une truie avec ses petits, de bronze, sur une plaque
    pareille.

545. Un lézard de bronze, sur une plaque de marbre
    blanc.

---

546. Un bâton à modeler et un ciseau marqué A T trois
    fois (marque qui se trouve de même sur les cinq fers
    suivants).

547. Deux instruments pareils.

548. Deux instruments pareils.

549. Un bâton à modeler et une hongnette.

550. Deux instruments pareils.

551. Un bâton à modeler et une gradine.

552. Un bâton à modeler dentelé et une râpe.

553. Un bâton à modeler et une râpe.

554–59. Six bâtons à modeler de bois.

560–61. Deux bâtons à modeler d'os.

562. Une amassette de fer et une lime.

563. Une machine à forer (sans arc ni vrille).

564. Un compas à verge en laiton, avec les mesures de
    différents pays (fait par le mécanicien Plötz à Copenhague).